# CARNET
## DU
# JURÉ D'ASSISES

CONTENANT

Tout ce qui à rapport à ses fonctions
. A ses droits
A ses devoirs et obligations

PAR

## UN AVOCAT.

RÉPUBLIQUE FRANÇAISE

DOUAI
. CRÉPIN, éditeur des Causes célèbres
23, rue de la Madeleine, 23.
1883

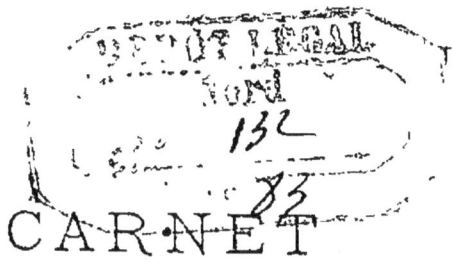

# CARNET

## DU

# JURÉ D'ASSISES.

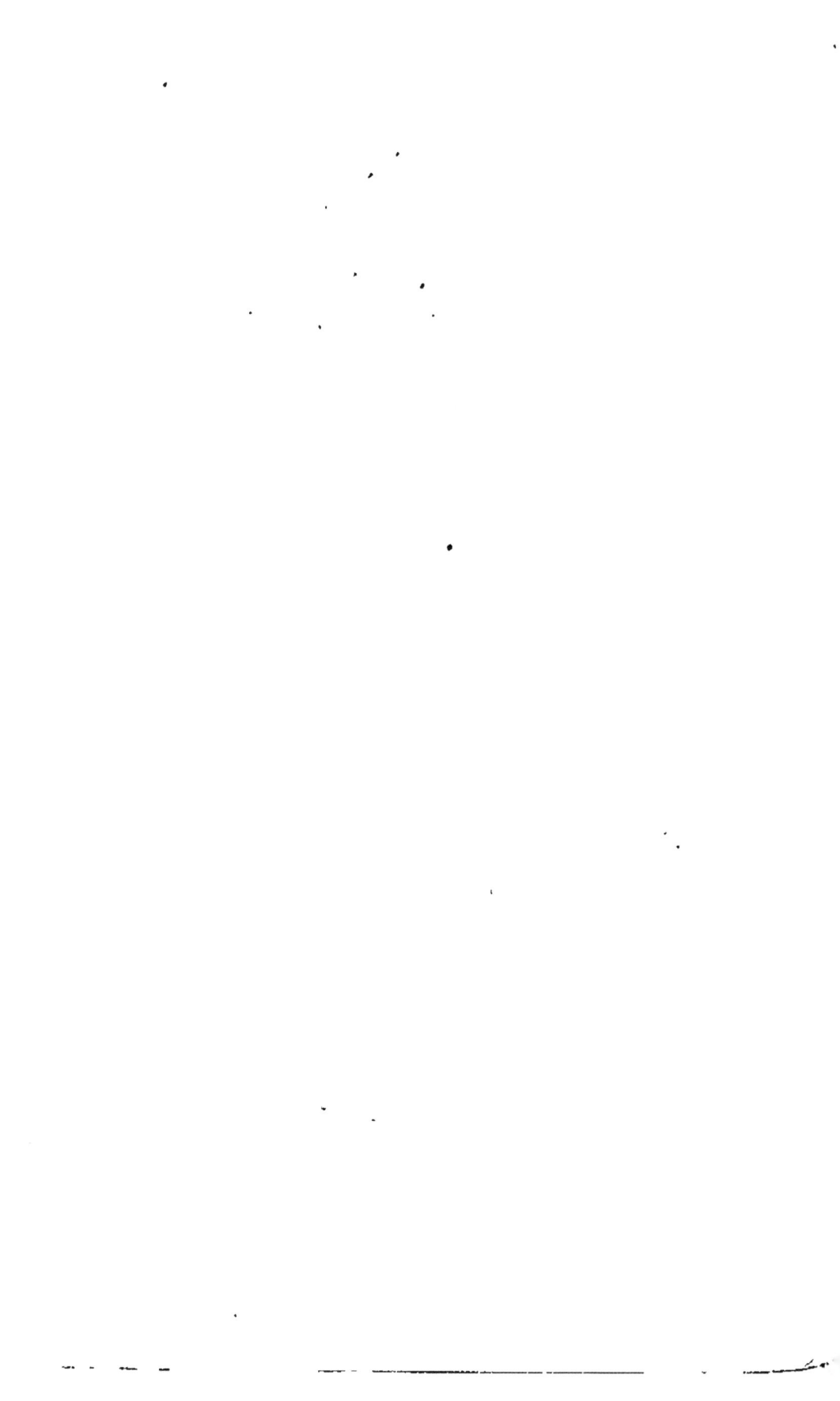

# CARNET

## DU

# JURÉ D'ASSISES

CONTENANT

Tout ce qui à rapport à leurs fonctions
A leurs droits
A leurs devoirs et obligations

PAR

## UN AVOCAT.

DOUAI

L. CRÉPIN, éditeur des Causes celèbres
23, rue de la Madeleine, 23.
1883

# CARNET

## DU

# JURÉ D'ASSISES.

———◦◦◦◦◦◦———

## Composition du Jury.

Les *Jurés* sont des citoyens qui, sans
être magistrats, et ayant seulement un
caractère temporaire de juges, relatif à
l'affaire pour laquelle ils sont convoqués,
sont appelés, devant une Cour d'assisses,
pour examiner le fait imputé à un pré-
venu, et déclarer, d'après les preuves qui
leur sont soumises et leur propre conviction, s'il y a crime ou délit et si le pré-
venu est coupable. Le Tribunal prononce
ensuite conformément à la disposition de
la loi qui s'applique au fait tel qu'il a été
déclaré.

La réunion des Jurés appelés pour délibérer et faire leur déclaration sur des faits, compose le *Jury*.

La dénomination de juré et de jury dérive du serment qui est exigé en justice des jurés, et par lequel ils promettent de faire leur déclaration en leur âme et conscience.

Nous ne dirons rien de la formation des listes des Jurés ni du tirage au sort pour la confection des listes trimestrielles. Quant aux incompatibilités, comme elles pourraient entraîner la nullité de l'affaire jugée nous nous étendrons sur ses causes naturelles, permanentes ou accidentelles.

## Incompatibilités.

*Incompatibilités naturelles.* — C'est à l'audience que le Juré doit puiser tout ce qui peut établir son opinion ; c'est par la déposition des témoins, les déclarations de l'accusé, les débats, les plaidoiries qu'il doit former sa conviction. Si donc un individu est affecté d'une surdité telle qu'il ne puisse entendre les discussions, il est incapable d'être Juré; s'il a été admis, la déclaration du jury doit être annulée comme si elle n'était rendue que par onze jurés.

Le citoyen aveugle ne peut non plus faire partie du jury, car il ne pourrait étudier les pièces des procès et lire les actes qui, dans les affaires de faux, par exemple, pourraient lui être soumis.

Enfin, il y a pour le Juré nécessité de connaître la langue française, car on ne peut admettre ici la nomination d'un interprète.

*Incompatibilités permanentes.* — Il y a incompatibilité entre les fonctions de Juré et celles de ministre, préfet, sous-préfet, conseiller à la Cour, en exercice ou

honoraire, juge, procureur-général, avo-
cat-général, substitut, etc.

Les suppléants des juges de paix et les
juges suppléants près les tribunaux civils
ou de commerce, qui ne remplissent pas
habituellement les fonctions judiciaires
et ne sont revêtus qu'accidentellement
du caractère de magistrat, doivent comme
tous les autres citoyens, faire partie du
jury. Il en est de même des prud'hommes
qui n'ont qu'une juridiction extrême-
ment restreinte.

L'incompatibilité existe à l'égard d'un
ministre d'un culte quelconque, qu'il
exerce ou non les fonctions sacerdotales.
La simple qualité de ministre d'un culte
et la mission de paix et d'indulgence
qu'il est chargé de remplir doivent suffire
pour l'éloigner des fonctions si peu en
harmonie avec son caractère.

La parenté et l'alliance entre deux Jurés, ou un Juré et un Juge, un accusé ou

un des témoins ne peut être un obstacle pour ce Juré à l'exercice de ses fonctions.

*Incompatibilités accidentelles.* — Nul ne peut être Juré dans la même affaire ou il aura été officier de police judiciaire, témoin, interprète expert ou partie. Ainsi un maire, un adjoint, un commissaire de police, qui auraient rempli dans une affaire les fonctions de police judiciaire, ne pourraient dans cette même affaire avoir le caractère de Jurés.

Celui qui aurait été juge d'instruction, même accidentellement, membre de la chambre des mises en accusation, ou qui, ayant changé de domicile, aurait voté comme Juré, dans un premier arrêt annulé, ne pourrait pas faire partie du jury dans la même affaire. Il en est de même de celui qui aurait été témoin dans l'instruction, ou assigné seulement à comparaître devant la Cour d'assises. L'avocat désigné comme conseil de l'accusé, et qui aurait accepté cette fonction ne pourrait non plus figurer parmi les Jurés.

*Dispenses*. — Peuvent et doivent être dispensés, s'ils le requièrent, les sénateurs et les députés pendant la durée de la session ; les conseillers d'Etat ; les septuagénaires ; les juges suppléants, lorsque leur service est indispensable pour le service des tribunaux auxquels ils sont attachés ; les militaires en activité de service, les membres des conseils généraux des départements lors de leur réunion.

Le juré porté sur la liste de l'année précédente, et non excusé, qu'il soit ou non tombé au sort pour faire partie du Jury, doit être dispensé, à moins cependant qu'il ne s'agisse d'assises extraordinaires:

Dans le mode de formation du Jury, rien n'est comminatoire, tout est exigé à peine de nullité ; la loi est sévère parce que le sujet est de la plus haute gravité.

Si personne n'a le droit de se soustraire
aux fonctions de juré, personne non plus
n'a le droit de les usurper. Si c'est donc
un devoir pour tous les citoyens de remplir une obligation que la loi leur impose,
c'en est un aussi grand que de ne point
accepter les fonctions dont elle les écarte,
on s'exposerait ainsi à compromettre, par
son fait, les intérêts de la cause qu'on a
voulu juger.

## Excuses.

Quand la liste des Jurés est établie le
préfet notifie à chacun d'eux l'extrait de
la liste qui constate que son nom y est
porté. Cette notification leur est faite
huit jours au moins avant celui où la
liste doit servir : ce jour sera mentionné
dans la notification.

Dès l'instant ou cette notification est
faite les Jurés doivent se mettre en me-

sure de se rendre aux assises et d'y remplir leur tâche, à peine d'encourir les
condamnations portées par le code d'instruction criminelle contre les Jurés dé-
faillants.

Le Juré qui ne se rendrait pas à son
poste sur la citation faite s'exposerait
pour la première fois à une amende de
*cinq cents francs;* pour la seconde, de
*mille francs;* pour la troisième de *quinze
cents francs* avec affichage a ses frais de
l'arrêt qui le condamne.

On n'admet comme excuses valables
que des motifs bien graves qu'il faut
d'ailleurs justifier. Le juré doit donc faire
constater d'une manière légale le motif
sur lequel il prétend fonder son excuse,
ou du moins l'appuyer par des documents ou des faits incontestables. En cas
de maladie, le certificat doit être écrit sur
papier timbré, puis affirmé sincère et
véritable par le médecin signataire devant

le juge de paix du domicile du Juré. Une simple légalisation par le Maire de la même localité pourrait être déclarée insuffisante.

La loi met sur la même ligne le Juré qui ne s'est pas rendu à la citation et celui qui a quitté son poste avant l'expiration de ses fonctions.

A raison de ce dernier fait il est puni des mêmes peines que le Juré défaillant, à moins qu'il n'ait un motif valable de se retirer.

S'il survient une cause légitime au Juré présent il doit la proposer et la faire admettre avant de quitter ; cependant il ne l'aurait pas proposée qu'il ne serait pas moins recevable à le faire sur son opposition à l'arrêt qui aurait prononcé sa condamnation.

Les causes de dispenses et les motifs d'excuse se font valoir dès l'ouverture de la session.

## Ouverture des débats.

Au jour fixé pour l'ouverture des assises le tableau du jury étant formé les Jurés se placent, dans l'ordre désigné par le sort, sur des siéges séparés du public, des parties et des témoins en face de celui de l'accusé. La conviction des Jurés ne se fondant pas uniquement sur les paroles de l'accusé mais aussi sur l'inspection de sa personne même, il fallait que les Jurés fussent placés de manière à pouvoir faire ces observations.

La manière dont un accusé se présente pour la première fois sur le banc de la Cour d'assisses, son attitude, ses gestes, l'expression de sa physionomie, le son de sa voix, le plus ou moins d'assurance de ses mouvements, toutes ces choses peuvent exercer une active influence sur l'esprit des Jurés. Cette impression pourra mettre obstacle à ce qu'ils apprécient avec impartialité les faits qui leur seront exposés, aussi est-il prudent de s'en défier.

Parfois, la personne de l'accusé, sa voix, ses gestes, ont quelque chose de repoussant; les Jurés n'oublieront pas que l'accusé n'a pas à répondre devant eux de ses formes physiques, de ses inclinations, de ses habitudes, de sa mauvaise éducation, mais seulement de certains faits déterminés que la loi incrimine. Le Juré fera bien de combattre les sentiments d'antipathie que ces défauts ou ces vices de l'accusé pourraient provoquer en lui. Son devoir est d'attendre avec impassibilité l'extraction des témoignages et l'exposition des preuves avant de songer à prendre un parti quelconque; c'est ainsi seulement qu'il pourra avec impartialité éclairer sa conscience et former son jugement.

Nous nous sommes attachés à prévenir le Juré contre les impressions défavorables que certaines apparences pourraient produire dans son esprit relativement à la personne de l'accusé et à sa manière de se comporter. Toutefois si les préventions de cette nature sont dangéreuses, des préventions favorables que font naître l'aspect d'une physionomie ouverte, belle et douce et de formes attrayante, peuvent également altérer la disposition d'impartialité que le Juré doit apporter à son tribunal.

## Interrogatoire de l'accusé.

Les premières questions que le président adresse à l'accusé lorsque les débats sont ouverts, sont relatives à son nom, ses prénoms, son âge, sa profession, sa demeure ét son lieu de naissance.

Aucune de ces questions n est indifférente ; les réponses qui y seront faites servent à l'appréciation d'une foule de témoignages. Les circonstances de nom, d'âge, de profession, etc., jouent un rôle important dans les questions d'identité. Cette recommandation devra encore être mieux observé quand il y a plusieurs accusés impliqués dans la même affaire. Il serait déplorable, en effet, que des erreurs regrettables, de fausses applications de témoignages expossassent les accusés à souffrir pour les fautes de leurs co-accusés.

## Recommandations à l'avocat.

Le président avertira le conseil de l'accusé qu'il ne peut rien dire contre sa conscience ou contre le respect dû aux lois, et qu'il doit s'exprimer avec décence et modération.

Le conseil doit-il être considéré comme

2.

parlant contre sa conscience lorsqu'il tait
sciemment certaines vérités de fait qui
peuvent être à sa connaissance ou lorsqu'il cherche à détruire l'effet des témoignages ou des preuves qui pourraient
compromettre sa partie? Non, car sa
conscience l'oblige à agir dans l'intérêt de
son client comme il agirait pour lui-
même; ainsi l'avertissement donné au
conseil est tout à l'avantage de l'accusé.

Les Jurés ne doivent donc pas se laisser aller à l'opinion que l'avocat parle
contre sa conscience, quand même ils
seraient certains qu'il est instruit des
faits criminatifs que, non seulement il
ne révélerait pas mais dont il s'efforcerait
d'éloigner l'idée de l'esprit des juges.

Avertissons les aussi de ne pas voir un
manque de respect envers les lois dans
la discussion critique de ces lois, lorsqu'une disposition législative parait à
l'avocat ou tombée en desuétude, ou en

opposition avec les mœurs et les progrès de la civilisation, ou enfin telle que son application étant admise dans toute sa rigueur, il en résulterait une somme de mal supérieure à la somme de bien qu'elle est capable de produire.

Enfin, avertissons encore les Jurés que l'avocat ne s'écarte ni de la décence, ni de la modération lorsqu'il s'exprime avec chaleur ou même avec passion, pourvu qu'il ne s'abandonne à aucune déclamation injurieuse.

## Serment des Jurés.

Avant d'entamer en aucune façon les débats, le président adresse aux Jurés, debout et découverts, le discours suivants :

« Vous jurez et promettez devant » Dieu et devant les hommes, d'exami-

» ner avec l'attention la plus scrupu-
» leuse les charges qui seront portées
» contre N...; de ne trahir ni les inté-
» rêts de l'accusé, ni ceux de la société
» qui l'accuse ; de ne communiquer avec
» personne jusqu'après votre déclara-
» tion ; de n'écouter ni la haine ou la
» méchanceté, ni la crainte ou l'affec-
» tion ; de vous décider d'après les char-
» ges et moyens de défense, suivant
» votre conscience et votre intime cou-
» viction, avec l'impartialité et la fer-
» meté qui conviennent à un homme
» probe et libre. »

Et chacun des Jurés appelé individu-
ellement par le président répondra en
levant la main: *Je le jure*, à peine de
nullité (art. 312).

## I.

Ainsi il est nécessaire qu'avant l'audience le Juré s'abstienne de tout entre-

tien sur les affaires inscrites, dans la
crainte de recevoir ou de subir des influ-
ences pouvant nuir à son impartialité.
Cet examen attentif et scrupuleux auquel
il jure de se consacrer serait impossible
si au lieu de présumer l'accusé innocent,
comme le veulent une saine logique et
la justice, il le présumait coupable.

## II.

Il ne faut pas non plus que si le Juré
croit devoir être favorable, bienveillant
envers l'accusé il oublie que la Société
offensée a besoin d'une réparation ; si
l'accusé est innocent, l'intérêt de la société est le même que le sien ; ce serait
trahir l'intérêt de la société que de trahir celui de l'accusé, mais s'il est coupable, l'intértêt de la société doit l'emporter
et l'homme que les lois ont protégé contre les criminels doit être atteint par elles

lorsque les autres hommes ont besoin d'être défendus contre ses attentats.

## III.

Le Juré ne doit communiquer avec personne jusqu'après sa déclaration.

On pouvait conclure de cette disposition que non seulement les Jurés ne devaient s'entretenir avec qui que ce soit de l'affaire qui les occupait, mais encore qu'il leur était interdit, pendant toute la durée des débats, de quitter le local même où siégeait la Cour d'assisses. Il n'en est rien et lorsqu'une affaire est susceptible de durer plusieurs jours, il est d'usage que les Jurés se retirent après chaque séance. Aucune sanction pénale n'étant attachée à l'inexécution de cette clause on s'en est tout à fait remis à l'honneur du Juré qui doit tenir son serment. Aussi évitera-t-il toutes les occasions de s'entretenir du procès avec qui que ce soit, excepté àvec les membres du jury.

## IV.

Le Juré n'écoutera ni la haine, ou méchanceté, ni la crainte ou l'affection.

Il est certainement possible qu'un homme d'honneur qui ne pourrait s'empêcher de haïr un accusé, ait assez de puissance sur lui-même pour ne se déterminer que d'après les charges et les moyens de la défense. Avertissons pourtant cet homme juste de se défier de lui-même et de se faire récuser, s'il le peut, plutôt que de courir la chance de prononcer une condamnation injuste, en se laissant conserver au tableau.

Le Juré ne doit pas écouter, la crainte. Ni les clameurs d'une foule passionnée ni les menaces ne doivent l'émouvoir. Lorsque les Jurés sont menacés par des lettres anonymes ou de tout autre manière tendant à porter atteinte à leur liberté de se décider selon les convictions de leur conscience, ils ont un moyen presque toujours sûr de se mettre à l'abri de tout danger, c'est de donner immédiatement connaissance à l'autorité judiciaire et au public de ces manœuvres : Sur mille exemples on en rencontre à peine un seul dans lequel les individus à qui des lettres semblables étaient adressées aient eu à souffrir pour les avoir dédaignées.

## V.

Le Juré s'engage à décider d'après les charges et les moyens de défense, suivant sa conscience et son intime conviction, avec impartialité et fermeté.

Cette phrase, qui termine la formule du serment des Jurés, reproduit sous une

forme nouvelle les idées exprimées dans les phrases que nous avons déjà expli-
quées.

## Acte d'accusation.

Immédiatement après le serment, le président avertit l'accusé d'être attentif à ce qu'il va entendre ; puis il ordonne au greffier de lire l'arrêt de la Cour des mises en accusation portant renvoi à la Cour d'assises, et l'acte d'accusation.

L'acte d'accusation doit exposer :

1º La nature du délit qui forme la base de l'accusation.

2º Le fait et toutes les circonstances qui doivent aggraver ou diminuer la peine.

Dans le fait, l'acte d'accusation est le résumé général de l'instruction antérieure aux débats ; il renferme l'historique de l'évènement qui a donné lieu à la procédure ; il expose les circonstances du fait

incriminé et les preuves qui, pendant l'instruction secrète, ont été réunies contre l'accusé, et il se termine par ces mots : « En conséquence N... est accusé d'avoir commis tel vol, tel meurtre ou tel autre crime, avec telle et telle circonstance. »

L'acte d'accusation est donc la base du débat, ainsi est-il indispensable qu'il soit écouté attentivement par les membres du jury. Mais sans contester l'importance de l'acte d'accusation nous dirons aux Jurés qu'ils ne doivent le considérer que comme un recueil de renseignements propres à pouvoir les guider dans le cours des débats. Ils ne prendront pas comme démontré mais seulement comme susceptible de l'être, ce qui est donné comme démontré.

La lecture de l'acte d'accusation est souvent longue et fatigante, si l'intelligence de l'accusé est bornée il est probable qu'il ne lui aura pas été possible de bien saisir l'ensemble du système d'accusation élevé contre lui. Aussi comprend-on très bien la prescription suivante de la loi :

Après cette lecture, le président rappellera à l'accusé ce qui est contenu dans l'acte d'accusation et lui dira : « Voilà ce dont vous êtes accusé ; vous allez entendre les charges qui seront produites contre vous. »

Ici encore il y a un danger à craindre, c'est que le jury ne se laissant influencer par l'autorité attachée aux paroles de ceux qui occupent de hautes fontions, partageât son erreur. Que les Jurés sachent bien que le Président des assises n'est guère plus instruit qu'eux de la procédure et, comme eux que, il ne sera éclairé que par la suite des débats.

## Audition des témoins.

Pendant l'audition des témoins, les jurés devront s'efforcer de savoir sur ceux-

ci tout ce qui est de nature à diminuer
la confiance de leur déclaratiou. Le droit
qu'ils ont d'interroger les témoins et l'accusé se trouve consacré par l'article 319.
Toutefois il est nécessaire qu'ils obtien-
nent la parole du président *qui ne peut
la leur refuser.*

« Pendant l'examen, les jurés pourront
» prendre note de ce qui leur paraîtra
» important, soit dans la défense de l'ac-
» cusé, pourvu que la discussion n'en
» soit pas interrompue, » (Art. 328).

Les jurés feront bien de profiter de
l'avertissement qui leur est donné par
cet article : ils agiront prudemment en
ne se fiant pas trop à leur attention et à
leur mémoire. Tout est sérieux dans un
débat, ses conséquences sont de la plus
haute gravité ; il y va de tout ce que les
hommes ont de plus précieux, de la liberté, de l'honneur, de la fortune, de la
vie peut-être d'un ou de plusieurs citoyens.

Les Jurés, rendus dans la chambre de leurs délibérations, doivent avoir présentes à leur pensée toutes les circonstancs du débat ; ils doivent trembler que leur mémoire ne soit infidèle ; des notes succinctes mais exactes, prises pendant l'examen, contribueront à les préserver de ce danger.

C'est d'après les témoignages entendus aux débats, c'est d'après les réponses de l'accusé, et d'après les preuves établies pendant l'instruction orale et publique, que les jurés doivent se déterminer. Ce sont les sources pures auxquelles ils doivent puiser les motifs de leur décision.

Qu'ils les suivent donc avec toute l'attention dont ils sont susceptibles et qu'ils confient à des notes tout ce que leur mémoire pourrait laisser échapper. Une foule de nuances, de variations, d'accidents insignifiants en apparence peuvent avoir une importance réelle que la marche ra-

pide des débats ne leur permet pas de
voir de prime abord.

L'usage des notes sera indispensable
dans les affaires de longue haleine et dans
celles ou il y a deux ou plusieurs accusés : sans leurs secours, les Jurés ne seraient pas en état de se rappeler toutes
les circonstances des débats et celles de
ces circonstances qui se rattachent plus
spécialement à tel ou tel accusé.

## Réquisitoires et plaidoieries

Les plaidoieries de la partie civile ou
de son conseil, du procureur-général et
du défenseur de l'accusé ferment les débats.

Dans la lutte engagée entre les défenseurs et les parties publiques ou civiles,
la vérité est souvent obscurcie à l'envi
par chacun des combattants ; c'est alors
qu'il est indispensable que les Jurés aient

sans cesse présent à leur pensée le souvenir des débats. Les discours des parties opposées leur seront utiles pour leur faire sentir l'importance de certaine preuve, la nullité de telle autre ; ils leur serviront à rectifier des erreurs de jugements, de fausses indications, mais ils ne sauraient être la base de leur décision. Les Jurés se tiendront surtout en garde contre les séductions de l'éloquence. Un habile orateur défendant une mauvaise cause parviendra à fermer la bouche à son adversaire. Les Jurés qui auront scrupuleusement suivi les débats sauront distinguer la vérité des sophismes brillants dont on chercherait à l'entourer ; ils la reconnaîtront encore sous les formes gauches et maladroites dont l'aurait revêtue un orateur sans talent. Le langage impérieux du procureur général par lequel ce magistrat semblerait dicter aux Jurés le jugement qu'ils doivent rendre ne leur imposera pas ; ils résisteront aux attaques dirigées par les défenseurs contre leur sensibilité. Ils n'oublieront jamais que les seules bases solides sur lesquelles ils puissent asseoir leur conviction, sont les fait tels qu'ils ont été prouvés, les témoignages et les pièces servant de preuves, sagement appréciés, et non l'opinion intéressée de l'accusateur et du défenseur, ni leurs conjectures, leurs inductions, leurs assertions hasardeuses, leurs déclamations.

## Remise aux jurés des questions et des pièces.

Après avoir posé et lu les questions le président donne aux jurés, à peine de nullité, l'avertissement suivant :

« Votre vote doit avoir lieu au scrutin « secret. Votre décision tant *contre* l'ac-« cusé que sur l'existence des circons-« tances atténuantes doit se faire *à la*

« *majorité, à peine de nullité*, et votre
« déclaration doit constater *la majorité*,
« sans que néanmoins le nombre de voix
« puisse en être exprimé, si ce n'est dans
« le cas ou l'accusé serait par vous re-
« connu coupable du fait principal *à la*
« *simple majorité*. Enfin si vous pensiez
« qu'il existe en faveur de l'accusé, re-
« connu coupable, des circonstances atté-
« nuantes, vous devez en faire la décla-
« ration en ces termes : *A la majorité* il
« y a des circonstances atténuantes. »

Le président remettra ensuite aux Jurés en la personne du chef du jury et en
présence de l'accusé les questions écrites
et signées par lui, puis il fera retirer l'accusé de l'auditoire.

En même temps que les questions, les
Jurés doivent recevoir du président l'acte
d'accusation, les procès-verbaux consta-
tant le délit, les pièces du procès, consis-
tant non seulement dans les documents

écrits, mais encore dans tous les objets qui peuvent servir à la preuve, tels qu'arme, instrument, produit du crime, etc.

Les déclarations écrites des témoins, même de ceux qui n'ont pas paru aux débats, sont exceptées. Les interrogatoires et déclarations d'un co-prévenu décédé pendant l'instruction peuvent être remis aux Jurés ; il en est de même d'un rapport d'experts, d'un procès-verbal de vérifications d'écritures, de lettres, missives, saisies chez l'accusé. Les Jurés ne doivent point recevoir de certificat pour ou contre l'accusé, à moins que ce ne soit des attestations sur sa moralité ; un arrêt, par exemple, qui l'établirait.

## Délibération.

Les Jurés se rendent immédiatement dans leur chambre pour y délibérer : avant de commencer la délibération, le chef du jury *leur fait lecture* de l'instruction suivante, qui doit en outre être affiché en gros caractères dans le lieu le plus apparent de leur chambre.

« La loi ne demande pas compte aux
» Jurés des moyens par lesquels ils se
» sont convaincus ; elle ne leur prescrit
» point de règles desquelles ils doivent
» faire particulièrement dépendre la suf-
» fisance et la plénitude d'une preuve ;
» elle leur prescrit de s'interroger eux-
» mêmes dans le recueillement, et de
» chercher dans la sincérité de leur cons-
» cience quelle impression ont faite sur
» leur raison les preuves rapportées con-
» l'accusé et les moyens de sa défense.

» La loi ne leur dit point : *Vous tiendrez*
» *pour vrai tout fait attesté par tel ou*
» *tel nombre de témoins.* Elle ne leur
» dit pas non plus : *Vous ne regarderez*
» *pas comme suffisamment établie toute*
» *preuve qui ne sera pas formée de tel*
» *procès-verbal, de telles pièces, de tant*
» *de témoins ou de tant d'indices;* elle
» ne leur fait que cette seule question
» qui renferme toute la mesure de leur
» devoir : *Avez-vous une intime con-*
» *viction ?*

» Ce qu'il est bien essentiel de ne pas
» perdre de vue, c'est que toute la déli-
» bération du jury porte sur l'acte d'ac-
» cusation ; c'est aux faits qui le consti-
» tuent et qui en dependent qu'ils doi-
» vent uniquement s'attacher ; et ils
» manquent à leur premier devoir lors-
» que, pensant aux dispositions pénales,
» ils considèrent les suites que pourra
» avoir, par rapport à l'accusé, la décla-

» ration qu'ils ont à faire. Leur mission
» n'a pour objet la poursuite ni la puni-
» tion des délits ; ils ne sont appelés que
» pour décider si l'accusé est, ou non,
» coupable du crime qu'on lui impute. »

Le premier paragraphe de cette instruction indique aux Jurés que leur conviction ne doit se former que par le résultat oral des débats ; ils ne doivent former
leur conviction que sur ce qu'ils ont vu
et entendu pendant les débats, et il ne
leur est pas permis de puiser ailleurs les
éléments de leur déclaration. Ce n'est pas
le nombre des dépositions qui doit exercer de l'influence sur leur esprit, mais la
valeur intrinsèque de ces dépositions : ce
ne sont point les pièces et procès verbaux
qui doivent les déterminer d'une manière
exclusive, mais leur propre jugement et
leur conscience, *et quand même il pa-
raîtrait constant qu'un accusé a commis
un crime ou un délit, ils devraient en-*

*core examiner dans leur sagesse si, quoique la loi n'admette pas d'excuse dans la circonstance actuelle, il est bien réellement et intentionnellement coupable; et, dans le cas contraire, rien ne les empêcherait de rendre un verdict d'acquittement.*

Le dernier paragraphe de l'instruction qui doit être lue par le chef des Jurés, avant que la délibération commence a donné lieu à de vives controverses de la part des jurisconsultes et des moralistes distingués On a élevé la question de savoir si le Jury ne devait jamais prendre en considération les conséquences de sa déclaration, surtout lorsqu'elle entraînerait nécessairement l'application de peines exorbitantes comparées au délit. Ainsi, par exemple, plusieurs jurisconsultes éclairés ont considéré comme trop rigoureuse la peine des travaux forcés aux fabricateurs de fausse monnaie, aux incendiaires, aux voleurs domestiques, et se sont demandés si les Jurés ne pouvaient pas légalement et consciencieusement arranger leurs déclarations de manière à empêcher cette application.

Il est incontestable que la question d'intention ne soit de la compétence du jury. Il résulte de là qu'il est autorisé dans certains cas à dire que l'accusé n'est pas coupable, lors même qu'il serait l'auteur du fait incréminé. Tout cela dépendra des circonstances dans lesquelles l'accusé était placé et des causes qui l'ont fait agir.

Or puisque les jurés sont autorisés à faire des déclarations semblables quoiqu'il soit évident que l'accusé ait été le principal agent du fait qui a provoqué les poursuites judiciaires, ne peuvent-ils pas se prononcer de la même manière lorsque la gravité du fait incréminé ne leur semble pas telle que son auteur doive équitablement encourir la peine dénoncée par la loi.

On recommande au juré de se décider d'après sa conscience ; mais lorsque sa conscience lui dit que ce fait est trop incriminé, que la peine en est trop forte, agirait-il en homme probe et libre, s'il allait sciemment, et par une obéissance servile à un texte de loi, peut-être mal compris, concourir à un mal sans utilité, à un mal plus grand que le délit, à une sorte d'attentat à la vie ou à la liberté d'un citoyen, non pas innocent, mais légèrement coupable ? Il se dira : les législateurs se sont trompés, ou ils ont été cruels, je puis en ce moment empêcher les effets de leur erreur et de leur cruauté.

Il est vrai que le système des circonstances atténuantes adoucit considérablement les rigueurs de la loi en expliquant un entrainement passager par la passion la vengeance, la violence de la provocation morale, mais il serait préférable de recourir plus souvent au système que nous conseillons que d'atténuer par un abus excessif des crimes caractérisés et qualifiés.

Quelques mots encore avant de finir cet article ; de ce qu'un homme a tué, de ce .que des objets ont été enlevés à leur propriétaire, il ne s'ensuit pas qu'il y ait eu crime ou délit commis. Il n'y a pas crime lorsqu'il n'y a eu ni intention ni volonté ; bien souvent il n'y a pas crime lorsque l'auteur du fait incriminé n'a cédé qu'à une nécessité physique ou morale. Il n'y a pas de crime lorsqu'il n'y a pas eu discernement, car alors il ne saurait y avoir eu d'intention dangereuse. Il n'y a de coupable aux yeux de la justice humaine que lorsqu'il y a crime ou délit.

C'est aux Jurés à apprécier la moralité des faits sur lesquels ils ont à prononcer non point, d'après les règles établies par

le législateur ou la coutume, mais d'après
leur jugement abandonné à sa liberté
morale et après les circonstances relatives
à chaque fait. On ne leur demande pas si
tel fait décrit d'une certaine manière est
constant; si tel individu est l'auteur de ce
fait; on leur demande : l'accusé est-il
*coupable ?*

Rappelons que pendant la délibération
les Jurés ne peuvent communiquer avec
qui que ce soit du dehors ; aussi ils ne
pourront sortir de la chambre qu'après
avoir formé leur déclaration et pour la
donner. De même l'entrée de leur chambre ne peut plus être permise pendant
leurs délibérations pour quelque cause
que ce soit, que par le président et par
écrit. La violation de ce secret entraine-
rait la nullité de la déclaration, et des
peines contre le Juré délinquant.

## Discussion.

« Le chef du jury lira successivement chacune des questions telles qu'elles ont été posées ; puis il sera procédé au vote par scrutin secret » (art. 345, loi du 9 sept. 1835).

D'après cet article, il semblerait que, la lecture des questions faites, on doive immédiatement procéder au vote secret ; effectivement la loi ne dit pas que le président avertira les Jurés qu'ils ont autre chose à faire ; mais dans son rapport sur la loi de 1835, M. Parant s'exprime en ces termes :

« La délibération antérieure au vote est quelquefois inutile ; mais dans bien des cas elle est indispensable, elle peut éclaircir ; elle fait ressortir des preuves à charge ou à décharge, elle résout des doutes et tranquillise la conscience des Jurés ».

Il est bien clair, bien évident, sans qu'un doute puisse s'élever à cet égard, que le jury a le droit, mais non pas l'obligation, de discuter et de délibérer ; et que si un président d'assises, faussant la loi, prétendait que les jurés n'ont pas la faculté de délibérer, ils ne devraient avoir aucun égard à cette recommandation, et délibérer ou discuter s'ils le jugeaient convenable.

## Vote.

C'est la loi du 13 mai 1836 qui règle le mode du vote du jury au scrutin secret :

### ARTICLE PREMIER.

*Le jury votera par bulletins écrits et par scrutins distincts et successifs, sur le fait principal d'abord, et, s'il y a lieu, sur chacune des circonstances aggravantes, sur chacun des faits d'excuse légale, sur la question de discernement, et enfin sur la question des circonstances atténuantes, que le chef du jury sera tenu de poser toutes les fois que la culpabilité de l'accusé aura été reconnue.*

Les mots par *scrutins distincts et successifs* signifient qu'à chaque question il devra s'opérer un scrutin séparé, qu'une réponse seule ne pourra être commune au fait principal et aux circonstances. Mais les bulletins séparés pourront être écrits en même temps et par tous les Jurés à la fois.

On voit de plus que le chef du jury doit demander chaque fois s'il y a des circonstances atténuantes. Si, dans le cas prévu, le chef du jury qui est *tenu de poser* la question omettait de le faire, la défense de l'accusé ne serait plus

complète, les Jurés devraient réclamer
contre cette omission et sur leur déclaration unanime que cette question n'a pas
été posée il devrait y avoir lieu à annuler
la délibération du jury.

### ARTICLE II

*A cet effet chacun des Jurés, appelé
par le chef du Jury, recevra de lui un
bulletin ouvert, marqué du timbre de la
Cour d'assises, et portant ces mots :* SUR
MON HONNEUR ET MA CONSCIENCE, MA DÉCLA-
RATION EST... *il écrira à la suite, ou fera
écrire secrètement par un juré de son
choix, le mot* OUI *ou le mot* NON, *sur une
table disposée de manière à ce que personne ne puisse voir le vote inscrit sur
le bulletin. Il remettra le bulletin écrit
et fermé au chef du Jury qui le déposera
dans une urne ou une boîte destinée à
cet usage.*

Cet article désigne les formes et la manière de voter, il prévoit le cas ou un Juré ne pourait pas écrire son bulletin et l'autorise à emprunter la main d'un Juré de son choix.

Aussitôt que le bulletin est déposé dans l'urne, il est acquis soit à l'accusation, soit à l'accusé ; le Juré qui l'a déposé ne peut demander que son bulletin lui soit rendu, sous prétexte, par exemple, qu'il aurait inscrit une réponse contraire à son intention ; en effet la recherche de ce bulletin, que rien ne distingue des autres, pourrait douner naissance à des fraudes ou à des erreurs Cependant si ce bulletin était le seul qui fut encore déposé dans l'urne il n'y aurait aucun danger réel à permettre qu'il en fut retiré.

### ARTICLE III.

*Le chef du jury dépouillera chaque*

*scrutin en présence des Jurés, qui pour-*
*ront vérifier les bulletins. Il en consi-*
*gnera sur le champ le résultat en marge*
*ou à la suite de la question résolue,*
*sans néanmoins exprimer le nombre des*
*suffrages, si ce n'est lorsque la décision*
*affirmative, sur le fait principal, aura*
*été prise à la simple majorité. La décla-*
*ration du jury en ce qui concerne les*
*circonstances atténuantes, n'exprimera*
*le résultat du scrutin qu'autant qu'il*
*sera affirmatif.*

Ici encore la loi crée une garantie pour
l'accusé par ce contrôle de chacun des Jurés au dépouillement : le chef du jury re-
tire les scrutins des boîtes où ils ont été
jetés, il en fait l'énumération, afin de
s'assurer qu'ils sont en nombre égal à
celui des votants ; il les ouvre successivement et lit en même temps et à haute
voix les réponses contenues dans chacun,
sépare les votes affirmatifs des négatifs,

les compte et enfin consigne le résultat
définitif du dépouillement à la suite de la
question révolue,

### ARTICLE IV.

*S'il arrivait que dans le nombre des
bulletins, il s'en trouvat sur lesquels
aucun vote ne fut exprimé, ils seraient
comptés comme portant une réponse favorable à l'accusé. Il en serait de même
des bulletins que six Jurés au moins auraient déclarés illisibles.*

Les dispositions de cet article reposent
sur ce principe de justice éternelle, à savoir, que tout ce qu'il y a de douteux,
d'incertain, d'inexplicable dans un vote
duquel dépend soit la vie, soit l'honneur,
doit être interprêté en faveur de l'accusé.

Quant au bulletin illisible, on s'est
demandé dans quels cas on déclarerait un
bulletin illisible. On a décidé qu'il fau-

4.

drait l'accord de six Jurés pour le déclarer
tel. En effet, dès qu'il y a six Jurés qui
ont déclaré le bulletin illisible, il devient
impossible de compter ce bulletin contre
l'accusé, puisque la majorité n'est pas
contre lui. ·

### ARTICLE V.

*Immédiatement après le dépouille-
ment de chaque scrutin, les bulletins
seront brûlés en présence du jury.*

### ARTICLE VI.

*La présente loi sera affichée en gros
caractère dans la chambre des délibérations du jury.*

## Formes de la déclaration.

Le résultat de la délibération et du vote
doit être rédigé par écrit ; il n'est pas né-

*Déclaration du jury dans le procès contre l   nommé*

| QUESTIONS. | RÉPONSE. *Le Chef du jury debout, la main sur le cœur, dit:* Sur mon honneur et ma conscience, devant Dieu et devant les hommes, la décla- ration du jury est: | |
|---|---|---|
| | FAITS PRINCIPAUX AVEC LEURS CIRCONSTANCES. | Circonstances atténuantes. |
| N., accusé présent, est-il coupable d'avoir volontaire- ment porté des coups et fait des blessures à M..., qui ont occasionné la mort de ce der- nier ? | Quel que soit le nombre de voix, s'il y a huit bul- letins, ou plus, portant *oui*.—La réponse doit être: *OUI, à la majorité.* S'il y en a que sept, la réponse doit être: *OUI, à la simple majorité.* S'il y a moins de sept bulletins portant *oui*, ou s'il y a égalité de voix pour ou contre l'accusé, — La réponse doit être : *NON, l'accusé n'est pas coupable.* La décision en faveur de l'accusé ne doit pas exprimer à quelle majorité elle a été rendue. | La loi exige formelle- ment que si les circons- tances atténuantes sont ad- mises on indique qu'elles l'ont été à la majorité.— Dans ce cas la réponse sera: *A la majorité* il y a des circonstances atté- nuantes. |
| L'accusé a-t-il donné des coups et fait des blessures dans l'intention de donner la mort? | Ce n'est que pour le fait principal qu'il doit être fait mention de la majorité simple, mais pour toutes les circonstances de ce fait décidées *contre* l'accusé, dès qu'il y a sept voix portant *oui*, la réponse exprimera qu'il y a majorité et sera : *OUI, à la majorité.* Ou, s'il y a moins de sept voix ou partage: *NON. l'accusé n'est pas coupable.* | (Si les circonstances at- ténuantes sont repoussées, il n'est fait aucune men- tion à cet égard). |
| L'accusé avait-il, avant l'ac- tion, formé le projet d'atten- ter à la personne de M...... (préméditation)? | — *Mêmes réponses.* — | |
| L'accusé a-t-il attendu le- dit sieur M... dans tel endroit (guet-apens)? | *Mêmes réponses.* | |
| L'action ci-dessus qualifiée a-t-elle été provoquée par des coups ou violences de la part de M...? | La réponse *contre* l'accusé, affirmative ou négative, énoncera l'existence de la majorité. — La réponse devra être donc: *NON, à la majorité* ou *OUI...* | |
| (*Question subsidiaire* posée par le président d'office ou à la demande de l'accusé.) L'accusé est-il coupable d'a- voir, par maladresse ou par im- prudence, inattention, négli- gence ou inobservation des rè- glements, commis un homicide volontaire sur la personne de M? | — Cette question ne peut être résolue affirmative- ment qu'autant que la première l'a été négativement. Dans ce cas, elle devient fait principal. — La réponse sera donc: *OUI, à la majorité.* ou *OUI, à la simple majorité.* ou *NON, l'accusé n'est pas coupable.* | |

Douai, imp. L. Crépin.

cessaire que ce soit le chef du jury qui l'ait écrit : il suffit qu'il soit signé de lui, et cette signature peut être apposée soit à la chambre des délibérations, soit à l'audience même après la lecture, pourvu que les Jurés soient présents.

La rédaction en est livrée à l'honneur du chef du jury qui a dû consigner en marge et la suite de chaque question résolue le résultat du vote Les Jurés ont le droit d'élever des réclamations s'ils croient reconnaître des inexactitudes, mais ils doivent le faire avant que le président et le greffier aient signé.

Pour plus d'intelligence nous donnons à la page un modèle de déclaration du jury avec des notes explicatives de chaque solution.

## Lecture et signature de la déclaration.

### ARTICLE 348.

*Les Jurés rentreront ensuite dans l'auditoire et reprendront leur place.*

*Le président leur demandera quel est le résultat de leur délibération.*

*Le chef du Jury se lèvera, et, la main placée sur son cœur, il dira : Sur mon honneur et ma conscience, devant Dieu et devant les hommes, la déclaration du Jury est : oui, l'accusé, etc. ; non, l'accusé, etc.*

Le chef du Jury, après que les Jurés sont rentrés dans l'auditoire et ont repris leur place, prononcera la déclaration à haute et intelligible voix. Il est nécessaire que tous les Jurés soient présents à ce moment, afin de pouvoir réclamer, si le chef du jury rapportait mal le résultat de la délibération ; et, si ce cas se présentait il serait du devoir rigoureux de chaque juré d'en avertir immédiatement la cour. Ce serait une lâcheté criminelle ou un acte d'insigne mauvaise foi que de ne point protester sans aucun retard contre une déclaration inexactement rendue. La discussion qui pourrait s'élever à ce sujet n'offre aucun inconvénient puisque l'accusé n'est point présent et qu'il n'est introduit que lorsque la déclaration est définitivement admise.

Si la déclaration du Jury était incomplète, irrégulière ou contradictoire, la Cour pourrait l'annuler et ordonner aux Jurés de rentrer dans leur chambre pour en faire une nouvelle. Cette considération doit engager les Jurés à une grande exactitude en rédigeant leur déclaration et à n'employer que les termes propres. L'exactitude, la simplicité, la clarté, voilà quels sont les traits extérieurs d'une bonne déclaration.

Lorsque le chef du jury a remis au président la déclaration signée de lui, l'accusé est introduit pour en entendre la lecture par le greffier. S'il est déclaré non coupable, la cour prononce sa mise en liberté, à moins qu'il ne soit détenu pour autre cause, s'il est déclaré coupable, la cour délibère et prononce l'arrêt de con-damnation.

## Conclusion.

Nous ne croirions pas avoir donné aux jurés tout ce qui est utile qu'ils connussent pour exercer dignement leurs fonctions si nous ne complétions pas ces renseignements par un court résumé des peines que peuvent entraîner tels crimes ou tels délits. Nous pensons en effet, et nous avons expliqué pourquoi que le juré doit

pour juger selon sa conscience peser dans
son verdict la peine qui frappera l'accusé
s'il est déclaré coupable. Il arrive très
souvent d'ailleurs que le défenseur fasse
connaître lui-même cette peine aux jurés,
la défense comporte sur ce point une certaine latitude qu'il ne sera jamais possible
de lui enlever. Souvent aussi le président
des assises usant de son pouvoir discré-
tionnaire montre au jury quelles conséquences entraînerait un verdict de condamnation. Nous ne croyons donc pas
inutile de fournir aux Jurés les princi-
paux textes de la loi qui peuvent leur servir dans certains cas pour voir par eux-
mêmes la vérité de telle ou telle assertion,
relativement à la peine que leur verdict
pourrait faire appliquer.

# PEINES ENCOURUES

## PAR

# LES DÉLITS & CRIMES.

———◦●◦———

**Assassinat.**— Homicide commis volontairement avec préméditation ou guet-apens.

« Tout coupable d'assassinat sera puni de *mort.* » (Art. 302).

La préméditation consiste dans le dessein formé avant l'action, d'attenter à la personne d'un individu déterminé.

Le guet-apens consiste à attendre dans un ou divers lieux l'individu auquel on veut attenter.

**Association de malfaiteurs.**—«Toute association de malfaiteurs envers les personnes ou les propriétés est un crime contre la paix publique. » (Art. 25).

Auteurs, directeurs, commandant en chef, *travaux forcés à temps.*

Affiliés, fournisseurs, logeurs. *Réclusion.*

**Attentat à la pudeur.** — Toute personne qui aura commis un outrage public à la pudeur sera punie d'un *emprisonnement* de trois mois à deux ans, et d'une *amende* de seize à deux cents francs.

Tout attentat à la pudeur consommé ou tenté sans violence sur la personne d'un enfant de l'un ou l'autre sexe âgé de moins treize ans sera puni de la *réclusion*.

Sera puni de la même peine l'attentat commis par tout ascendant sur un mineur non émancipé par le mariage.

Lorsque le coupable a été aidé dans son crime par une ou plusieurs personnes, lorsqu'il est l'ascendant de la victime ou ayant autorité sur elle, lorsqu'il est son instituteur ou serviteur à gages, fonctionnaire ou ministre d'un culte la peine sera celle des *travaux forcés à temps.*

**Avortement.** — Quiconque, par aliments, breuvages, médicaments, violences, ou par tout autre moyen, aura procuré l'avortement d'une femme enceinte, soit qu'elle y ait consenti ou non sera puni de la *réclu-sion*.

La même peine sera prononcée contre la femme qui se sera procuré l'avortement à elle-même, ou qui aura consenti à faire usage des moyens à elle indiqués ou administrés à cet effet, si l'avortement s'en est suivi.

Les médecins, chirurgiens et autres offi-ciers de santé, ainsi que les pharmaciens qui auront indiqué ou administré ces moyens, seront punis des *travaux forcés à temps* dans le cas ou l'avortement aurait eu lieu.

Quiconque en administrant volontairement à autrui une substance nuisible à la santé aura occasionné une maladie ou incapacité de travail personnel de plus de vingt jours sera puni de la *réclusion*.

**Bandes armées.** — Quiconque, soit pour envahir des domaines, propriétés ou deniers publics, places, villes, forteresses, postes, magasins, arsenaux, ports, vais-seaux ou bâtiments de l'Etat, soit pour dé-fendre les auteurs de ces crimes, se sera mis à la tête de bandes armées ou y aura exercé une fonction ou commandement quelconque, sera puni de *mort*.

La même peine sera portée contre les directeurs de l'association et tous ceux qui auront fourni armes, munitions, etc.

Ceux qui, connaissant le but et le caractère desdites bandes, leur auront, sans contrainte, fourni des logements, lieux de retraite ou de réunion seront condamnés à la peine des *travaux forcés à temps*.

**Banqueroute**. — Banqueroutiers frauduleux, auteurs et complices : *Travaux forcés à temps.*

Agents de change et courtiers en faillite, même peine.

S'ils sont convaincus de banqueroute frauduleuse. *Travaux forcés à perpétuité.*

**Bigamie**. — Peine contre le bigame. *Travaux forcés à temps.*

Même peine contre l'officier public.

**Blessures et coups volontaires**. — Tout individu qui, volontairement, aura fait des blessures ou porté des coups ou commis toute autre violence ou voie de fait, s'il est résulté de ces sortes de violences une maladie ou incapacité de travail personnel pendant plus de vingt jours, sera puni d'un *emprisonnement* de deux à cinq ans et d'une *amende* de seize à deux mille francs.

Si les violences sont suivies de mutilation et infirmités permanentes, *réclusion*.

Si la mort résulte des blessures mais sans intention de la part du coupable, *travaux forcés à temps*.

Quant à cette circonstance s'ajoute la préméditation ou le *guet-apens: Travaux forcés à perpétuité*.

S'il n'y a eu ni maladie ni incapacité de travail, le coupable sera puni d'un *emprisonnement* de six jours à deux ans et d'une *amende* de 16 à 200 francs.

Si la victime est un ascendant du coupable on remplacera l'emprisonnement par la *reclusion*, la reclusion par le *maximum de la réclusion et les travaux forcés à temps*, les travaux forcés à temps par les *travaux forcés à perpétuité*.

Si les coups ont été portés ou les blessures faites à un fonctionnaire dans l'exercice de ses fonctions, avec intention de donner la mort, le coupable sera puni de *mort*.

**Crimes excusables.** — Le meurtre ainsi que les blessures et les coups sont excusables, s'ils ont été provoqués par des coups ou violences graves envers les personnes.

Les crimes et délits sont également excusables s'ils ont été commis en repoussant pendant le jour l'escalade ou l'effraction des clôtures, murs ou entrée d'une maison ou d'un appartement habité ou de leurs dépendances.

Le crime de castration s'il a été immédiatement provoqué par un outrage violent à la pudeur, sera considéré comme meurtre ou blessures excusables.

Lorsque le fait d'excuse sera prouvé on remplacera:

La peine de mort par un *emprisonnement* de 1 an à 5 ans.

Tout autre peine par un *emprisonnement* de six mois à deux ans.

Il n'y a ni crime ni délit lorsque l'homicide, les blessures et les coups étaient ordonnés par la loi et commandés par l'autorité légitime.

Il n'y a ni crime ni délit lorsque l'homicide, les blessures et les coups étaient commandés par la nécessité actuelle de la légitime défense de soi-même et d'autrui, et sont compris dans ces cas de légitime défense les deux cas suivants :

1º Si l'homicide a été commis, si les blessures ont été faites, ou si les coups ont été portés en repoussant pendant la nuit l'escalade ou l'effraction des clôtures, murs ou entrée d'une maison ou d'un appartement habité ou de leurs dépendances.

2º Si le fait a eu lieu en se défendant contre les auteurs de vols ou de pillages exécutés avec violence.

**Détournements de mineurs.** — Quiconque aura par fraude ou violence détourné ou déplacé des mineurs subira la peine de la *réclusion*.

Si la personne enlevée est une jeune fille en dessous de seize ans la peine sera celle des *travaux forcés à temps*.

Quand, le ravisseur ayant plus de 21 ans, la jeune fille aura donné son consentement la peine sera encore les *travaux forcés à temps*.

Si le ravisseur n'avait pas encore 21 ans, la peine sera *l'emprisonnement* de deux à cinq ans.

**Empoisonnement** — Est qualifié empoisonnement tout attentat à la vie d'une personne, par l'effet de substances qui peuvent donner la mort plus ou moins promptement, de quelque manière que ces substances aient été employées et quelles qu'en aient été les suites.

Tout coupable d'empoisonnement sera puni de *mort*.

**Fausses monnaies.** — Quiconque aura contrefait ou altéré les monnaies d'or et d'argent ayant cours en France, ou participé à l'émission ou exposition desdites monnaies contrefaites ou altérées, ou à leur introduction sur le territoire français sera puni des *travaux forcés à perpétuité*.

Pour la monnaie de billon ou de cuivre : *travaux forcés à temps*.

Celui qui aura fait usage desdites pièces après en avoir constaté les vices sera puni d'une *amende* triple au moins et sextuple au plus de la valeur de la pièce. L'amende ne peut d'ailleurs être inférieure à seize francs.

**Faux.** — Tout fonctionnaire qui dans l'exercice de ses fonctions aura commis un faux sera puni des *travaux forcés à perpétuité*.

Pour autres personnes ayant commis des faux en écriture authentique et public ou de commerce : *travaux forcés à temps*.

Ceux qui feront usage de faux seront punis aussi des *travaux forcés à temps*.

**Faux témoignage.** — Quiconque sera coupable de faux témoignage en matière criminelle, soit contre l'accusé, soit en sa faveur sera puni de la peine de la *réclusion*.

Si néanmoins l'accusé a été condamné à une peine plus forte que la réclusion le faux témoin subira la même peine.

Le faux témoin qui aura reçu de l'argent, une récompense quelconque ou des promesses sera puni des *travaux forcés à temps*, sans préjudice de l'application d'une peine plus forte.

Quant au coupable de subornation de témoin, il sera passible des mêmes peines que le faux témoin.

**Incendie.** — Quiconque aura volontairement mis le feu à des édifices, navires, bateaux, magasins, chantiers, quand ils sont habités ou servent à l'habitation , qu'ils appartiennent ou n'appartiennent pas à l'auteur du crime, sera puni de *mort*.

Sera puni de la même peine quiconque aura volontairement mis le feu, soit à des

5.

voitures ou wagons contenant des personnes soit à des voitures ou wagons ne contenant pas des personnes, mais faisant partie d'un convoi qui en contient.

Si ces édifices, navires, etc. ne sont pas habités et n'appartiennent pas à l'auteur de l'incendie : *Travaux forcés à perpétuité.*

Si ces édifices, navires, etc. appartiennent à l'auteur du crime , mais peuvent causer, par leur destruction, préjudice à autrui : *Travaux forcés à temps.*

Pour pailles, récoltes, bois, etc., ces peines seront respectivement les *travaux forcés à temps* et la *réclusion.*

Dans tous les cas si l'incendie a occasionné la mort d'une personne, la peine sera la *mort.*

Les peines seraient les mêmes si ces crimes ou délits étaient occasionnés par une *mine.*

**Infanticide.**— Tout infanticide est puni de la peine de *mort.*

**Meurtre.** — L'homicide commis volontairemeut est qualifié meurtre et est puni des *travaux forcés à perpétuité.*

Quant au meurtre d'un fonctionnaire dans l'exercice de ses fonctions, il est puni de *mort.*

Est aussi puni de *mort* le meurtre précédé accompagné ou suivi d'un autre crime.

**Parricide** — Le coupable condamné à *mort* pour parricide sera conduit sur le lieu de l'exécution, en chemise, nu-pieds, et la tête couverte d'un voile noir.

Il sera exposé sur l'échafaud pendant qu'un huissier fera au peuple lecture de l'arrêt de condamnation, et il sera immédiament mis à mort.

**Rébellion.**—Si la rébellion est commise par plus de vingt personnes armées, les coupables seront punis des *travaux forcés à temps*, et s'il n'y a pas eu de port d'armes de la *réclusion.*

Si la rebellion a été commise par moins de vingt personnes et plus de trois, la peine sera dans le premier cas la *réclusion*, dans le second *l'emprisonnement* de six mois à deux ans.

S'il n'y a que deux coupables avec armes *emprisonnement* de six mois à deux ans, sans armes *emprisonnement* de six jours à six mois.

**Séquestration.** — Seront punis de la peine des *travaux forcés à temps* ceux qui auront arrêté, détenu ou sequestré des personnes quelconques.

Si la séquestration dure plus d'un mois, *travaux forcés à perpétuité*.

Si elle a duré moins de dix jours la peine sera réduite à *l'emprisonnement* de deux à cinq années.

**Soustraction.** — *Travaux forcés à temps* pour préposés de la poste, percepteurs ou comptables publics, administrateurs, etc., coupables de soustraction.

**Suppression d'enfants.** — Enlèvement, recel, substitution, supposition d'un enfant: *réclusion*. — Même peine contre les coupables du refus de représenter un enfant dont ils s'étaient chargés.

**Tortures.** — Mêmes peines que pour les coupables d'assassinat.

**Viol.** — Quiconque aura commis le crime de viol sera puni des *travaux forcés à temps*.

Si le crime a été commis sur la personne d'un enfant au-dessous de quinze ans, le *maximum* de cette peine.

Quiconque aura commis un attentat à la pudeur consommé ou tenté avec violence contre des individus de l'un et l'autre sexe sera puni de la *réclusion*.

Si la victime a moins de quinze ans la peine sera les *travaux forcés à temps*.

Si le coupable est ascendant de la victime ou a autorité sur elle, la peine sera celle des *travaux forcés à perpétuité*.

Si pour l'exécution de son crime le coupable a employé des tortures ou commis des actes de barbarie, la peine encourue sera la *mort*.

**Vol.** — Quiconque a soustrait frauduleusement une chose qui ne lui appartient pas, est coupable de vol.

I. Pour le vol de nuit commis par deux ou plusieurs personnes, porteurs d'armes apparentes ou cachées, soit à l'aide d'effraction, d'escalade ou de fausses clefs dans une maison, appartement, chambre ou logement habités, soit en prenant le titre d'un fonctionnaire public ou d'un officier civil ou militaire ; si à ces circonstances s'ajoute celle des violences ou menaces la peine est celle des *travaux forcés à perpétuité*,

Si les violences commises ont laissées des traces de blessures cette circonstance suffira pour que la peine des *travaux forcés à perpétuité* soit prononcée.

Les vols commis sur les chemins publics s'ils réunissent deux des conditions indiquées ci-dessus entraîneront la peine des *travaux forcés à perpétuité*.

Commis avec une seule de ces circonstances ils entraineront la peine des *travaux forcés à temps*.

Dans les autres cas la peine sera celle de la *réclusion*.

Pour les vols commis avec escalade ou effraction la peine sera celle des *travaux forcés à temps*, quand ces crimes auront été commis dans des édifices, parcs ou enclos non servant à l'habitation et non dépendant des maisons habitées, et lors même que l'effraction n'aurait été qu'intérieure.

II. Sera puni de la peine des *travaux forcés à temps* tout individu coupable de vol dans deux ou trois des circonstances suivantes : 1° Vol de nuit ; 2° Dans une maison habitée ou dans un édifice consacré au culte ; 3° Par deux ou plusieurs personnes armées.

Sera puni de la *réclusion* le vol commis la nuit et par deux ou plusieurs personnes ou avec une de ces deux conditions.

Le voleur, domestique ou homme de service à gages, le voiturier, etc., qui aurait abusé de leur titre pour détourner ou dérober tout ou partie des choses qu'on leur aurait confiées.

Le vol avec armes apparentes ou cachées commis même le jour et par une seule personne dans des lieux habités ou non, est puni de la *réclusion*.

L'abus de confiance commis par un officier ministériel ou par un serviteur à gages, entraîne la même peine.

*FIN.*

4210.—DOUAI, IMP. L. CRÉPIN.